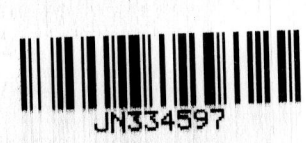

野菜やフルーツの力で美肌に!

キッチンで作る
ナチュラルパック

チェ・ユナ著
井汲千絵訳

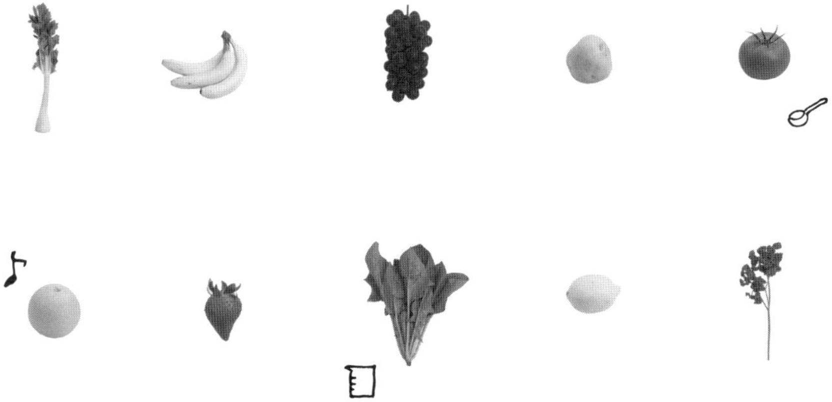

はじめに

ナチュラルパックで、美しい肌とハッピーな毎日を！

自分の肌にぴったり合う化粧品が見つからない、どんなケアをしたら肌の悩みが解決するのかわからないと、悩んだことはありませんか？　かつては私自身がそうでした。仕事が忙しくなって生活が乱れると、子どもの頃からの体質だったアトピー性皮膚炎が暴れ出し、肌が荒れ、かゆみが止まらなくなるのです。肌が一度荒れてしまうと、治すのは至難の業。よいと言われるものは何でも試してみましたが効果はなく、あれこれ方法を探すうちに、ナチュラルパックにたどりつきました。資料を探して読みあさり、自分なりに工夫してナチュラルパックと手作りの石けんでスキンケアを始めると、半年ほど経つうちに、驚くほど肌の状態がよくなり、かゆみもうそのように消えたのです。

そのころから、パックや石けん作りをはじめとする、手作りのナチュラルコスメの研究にのめり込んで行きました。それから10年以上、研究を続けるうちに、テレビや雑誌などで身近な食材を使ったパックの作り方やスキンケアについて紹介したり、大学やカルチャーセンターで講義を行う機会にも恵まれました。自らのナチュラルコスメブランドも立ち上げ、防腐剤や香料などの化学物質を一切使わず、それぞ

れの肌に合う“DIY化粧品”を開発。肌のトラブルに悩む方や、肌のケアに人一倍神経を使う、芸能人やスポーツ選手の方々からも、支持を得ています。多くの人と直接向き合ってナチュラルコスメの作り方を教え、スキンケアのアドバイスをしてきて、肌の状態がよくなったと喜ばれることは何よりも嬉しいことです。同時に、人の肌は10人いれば10通り。それぞれが自分に合うスキンケアをすることの大切さを実感してきました。

本書では、身近な食材を使ってだれもが簡単に始められるパックのレシピと使い方を中心に、簡単にできるデイリーケアや全身の部位別ケアなどについてもご紹介しています。手作りのスキンケアが初めての人も、まずは日焼けのあとのケアや、休日のリラックスをかねたスペシャルケアとして、ぜひ試してみてください。そのよさを実感していただけたら、そのときの肌の状態に合わせていろいろなレシピを試し、自分に合うパックを見つけてください。また、毎日のケアにも、食材を使ったナチュラルケアを少しずつ取り入れていただけたらと思います。

多くの人が本来の美しい素肌を取り戻し、ハッピーな毎日を送ることを願って……。

チェ・ユナ

Contents

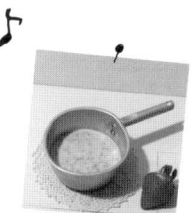

Part 1

あなたの肌にぴったりのスキンケアは？

乾燥しがちだったり、ニキビができやすかったり、
人によって肌の悩みはさまざま。野菜やフルーツなど、
食材を使って手作りするスキンケアなら、
自分にぴったりの材料を選べるので、
肌が自らの力で輝く手助けができるのです。

身近な食材を使ったパックで、今日から素肌美人に！

野菜や果物、海藻、穀物といった身近な食材には、肌の美しさをバックアップする成分がたっぷり。週に1回程度、パックにして肌につけると、それぞれが持つ栄養素や作用から、保湿したり、肌のトーンを明るくしたり、余分な皮脂を除去したりするなど、肌にうれしい効果を発揮します。

デパートの化粧品売り場からドラッグストア、ネットショップまで、さまざまな場所で、食材をはじめとする植物由来の成分の効果をうたった化粧品が多く売られています。ただ、市販の化粧品は長期保存のためや商品としての安定性を保つため、保存料や香料、着色料といった化学物質が多く含まれます。なかには、天然成分はほんの少ししか含まれておらず、ほとんどが化学物質でできているのに、ナチュラルな化粧品であるかのようなイメージを“ウリ”にし、販売していることも。化粧品に含まれる化学物質の中には、長い間肌に蓄積され、肌のこわばりや黒ずみなどの原因になるものもあります。

手作りのパックは、保存料などを使わず、食材の持つパワーをそのまま生かすことができます。もちろん、人によって肌に合わない成分や、アレルギーを引き起こす食材もありますが、あらかじめパッチテストなどでチェックし、合わないものは避ければよいのです。自分の肌にぴったりの素材を選んでつくれるのも、手作りのパックのメリットです。

また、肌の美しさを保つためには、栄養バランスのよい食事や良質の睡眠など、内側からのケアも欠かせません。とくにビタミンたっぷりの野菜やフルーツは、肌を美しく保つために、食事でもたっぷり取り入れたいもの。新鮮な食材のパワーを内からも外からも摂取し、ヘルシーな素肌美人を目指しましょう！

食材を使った
ナチュラルパック
5つのメリット

1　野菜や果物などの食材が持つパワーで、素肌力をバックアップ

野菜や果物などの食材に含まれるビタミンやミネラルなどの成分が、
肌にやさしく働きかけます。代謝や血液循環を促し、
肌そのものの力で美しく潤う手助けに。また、野菜や果物に含まれる酵素は、
肌の角質をやわらかくし、毛穴からの栄養分の吸収を助けます。

2　身近な食材で、思い立ったときにすぐに作れる

ご紹介するナチュラルパックのレシピに登場するのは、
冷蔵庫の中にある身近な食材が中心。特別な材料を買わなくても、
やってみようと思い立ったその日に作れます。

3　保存料や香料、着色料などを使わないため、肌にやさしい

保存料、香料、着色料といった化学物質は一切使わないため、
肌への負担が最小限に。その代わり、保存は利かないので、
パックは作ったその日に使いきるのが原則です。

4　自分の肌に合った材料を選び、自分にぴったりのパックを作れる

乾燥しやすい、吹き出物ができやすいなど、
自分の悩みと肌質に合わせて材料を選べるのは手作りならでは。
自分だけにぴったりのパックを見つけましょう。

5　その日の肌の状態や目的に合わせてレシピを選べる

季節や体調などによって肌のコンディションは変化。
肌の状態を見極めながら、そのときの肌に合ったパックを選べます。
日々、自分の肌と向き合うことにもつながります。

ナチュラルパックによく使う材料

ほうれん草

レモン

にんじん

じゃがいも

野菜

ビタミンやミネラルがたっぷり
含まれる野菜は、
内からも外からも取り入れて、
肌に栄養を補給！

きゅうり

トマト

フルーツ

フルーツの中には
有機酸を多く含み、
抗酸化作用のあるものが多数。
色や香りもよく、
気分が上がるパックが
でき上がります。

バナナ

りんご

ぶどう

キウイ

オレンジ

いちご

粉類

手作りパックに
なくてはならない存在。
粉状のものを購入したり、
ミルなどで粉にして使います。

小麦粉

オートミール粉

米ぬか

昆布粉

小豆粉

はとむぎ粉

きな粉

抹茶

その他

卵やはちみつ、乳製品は
使いやすく栄養もたっぷり。
エッセンシャルオイルも、
食材の力を
バックアップします。

卵

はちみつ

牛乳

プレーン
ヨーグルト

ワイン

オリーブオイル

エッセンシャル
オイル

グリセリン

ナチュラルパックによく使う材料

【野菜】

	ほうれん草	ビタミンとミネラルが豊富で、水分も多いため、角質除去、保湿、ホワイトニングなどの効果を期待。敏感肌にも使いやすく、肌の弾力アップやトラブル予防にも最適です。
	レモン	ビタミンCが豊富で、美白や毛穴の収縮作用にすぐれています。ただし、直接肌につけると刺激が強いため、他の材料と混ぜて少量を使って。
	にんじん	角質や皮脂を除去する効果が。ビタミンBが豊富に含まれ、吹き出物などのトラブルの多い肌のケアにも向きます。
	じゃがいも	肌にたまった熱を鎮静する効果があり、日焼けしたあとのケアにぴったり。ビタミンCやカルシウムなどが豊富で、美白や保湿効果も。ドライ肌には水分を供給し、オイリー肌にはニキビなどのトラブルを鎮静する効果が。
	きゅうり	豊富な水分とビタミンCで、ホワイトニングや保湿の効果を期待できます。紫外線などで刺激を受けた肌を鎮静する効果も。
	トマト	角質や皮脂の除去作用にすぐれ、とくにオイリー肌の改善に向きます。敏感な肌には、皮をむいて使って。

【フルーツ】

	バナナ	栄養たっぷりで保湿効果にすぐれ、乾燥肌や年齢肌に効果的。むくみを抑える作用も。
	りんご	有機酸と糖分が豊富に含まれ、角質除去や保湿効果を期待できます。
	ぶどう	肌のトーンを明るくし、キメを整える効果のある有機酸が豊富。また、ぶどう糖は肌をしっとりと保護してくれます。
	キウイ	ビタミンCの含有量が多く、美白効果を期待。糖分やミネラルも豊富なので、肌に弾力を与え、保湿する作用も。
	オレンジ	豊富なビタミンと有機酸が、肌のトーンを明るくし、毛細血管を強く。赤くなりやすい肌の改善にもぴったりです。
	いちご	リン、ナトリウム、鉄分などのミネラルを多く含み、シミやそばかすを緩和して肌のトーンを明るく。毛穴の収縮作用も。

粉類

	小麦粉	ホワイトニング効果にすぐれた食材。 パックを顔につけやすくするための粘度の調整にもよく使います。
	オートミール粉	ミネラルやビタミンBが含まれ、洗浄効果に優れます。 肌への刺激が少なく、敏感肌でも使いやすい素材。 粒状のものをすり鉢や電動のミルでひいて使います。
	米ぬか	肌によいオリザノールという成分が含まれ、洗浄効果や保湿効果に すぐれています。シワの改善や保湿作用も。直接肌につけると刺激が 強いので、ほかの材料と混ぜたり、ガーゼなどに包んだりして使います。
	昆布粉	ミネラルが豊富で、刺激を受けた肌を鎮静する効果も。 市販の昆布粉を買うか、乾燥した昆布をミルで粉状にして使います。
	小豆粉	美白効果のあるサポニンが豊富で、肌の弾力アップに最適。また、 皮脂の調整をする作用があるため、オイリー肌の改善にも向いています。
	はとむぎ粉	主成分の炭水化物のほか、ミネラルやビタミンB、アミノ酸、脂肪、植物性油、 有機酸などが含まれ、ニキビができやすい肌やオイリー肌の改善に効果的。
	きな粉	大豆に含まれるサポニンが肌色を明るく。また、化粧品によく使われる レシチンという成分が含まれ、保湿効果を期待できます。
	抹茶	ポリフェノールやビタミンが多く含まれ、美白作用にすぐれています。 アンチエイジングや、肌をしっとりさせる効果も。

その他

	卵	黄身にはレシチンという成分が豊富で、保湿や肌に栄養を与える作用が。 卵白は洗浄力にすぐれ、泡立てて洗顔剤として使うと、 余計な皮脂を除去できます。
	はちみつ	軽い消毒作用や、鎮静作用が。老廃物の排出をうながし、 栄養分が肌の奥まで浸透して、肌につやを与えます。
	牛乳	水分と脂肪のバランスがよく、ビタミン、タンパク質などの栄養分も豊富。 保湿、肌への栄養補給、皮脂除去など、肌のさまざまな悩みに効果を発揮。
	プレーン ヨーグルト	角質除去、保湿、肌への栄養補給などの効果にすぐれ、 パック材料として頻繁に使われます。
	ワイン	肌にやさしく作用し、毛穴の中にたまった皮脂や老廃物、角質などを 除去します。血液循環をよくし、肌色を明るくしたり、毛穴収縮作用も。
	オリーブオイル	肌によいビタミンE、脂肪酸などが大量に含まれ、肌の再生力を バックアップ。また、肌の水分と脂分のバランスを調整する作用も。
	エッセンシャル オイル	植物から抽出された成分で、種類ごとに効能が。本書のレシピでは、 ティーツリー、ローズマリー、ラベンダーなどを使っています。
	グリセリン	保湿効果にすぐれた、化粧品によく使われる材料。 薬局などで購入できます。

あなたの肌タイプをチェック

チャートのYES、NOの質問に答えて、
あなたの肌タイプをチェックしましょう！
日ごろのスキンケアや、
パックを作るときの参考にして。

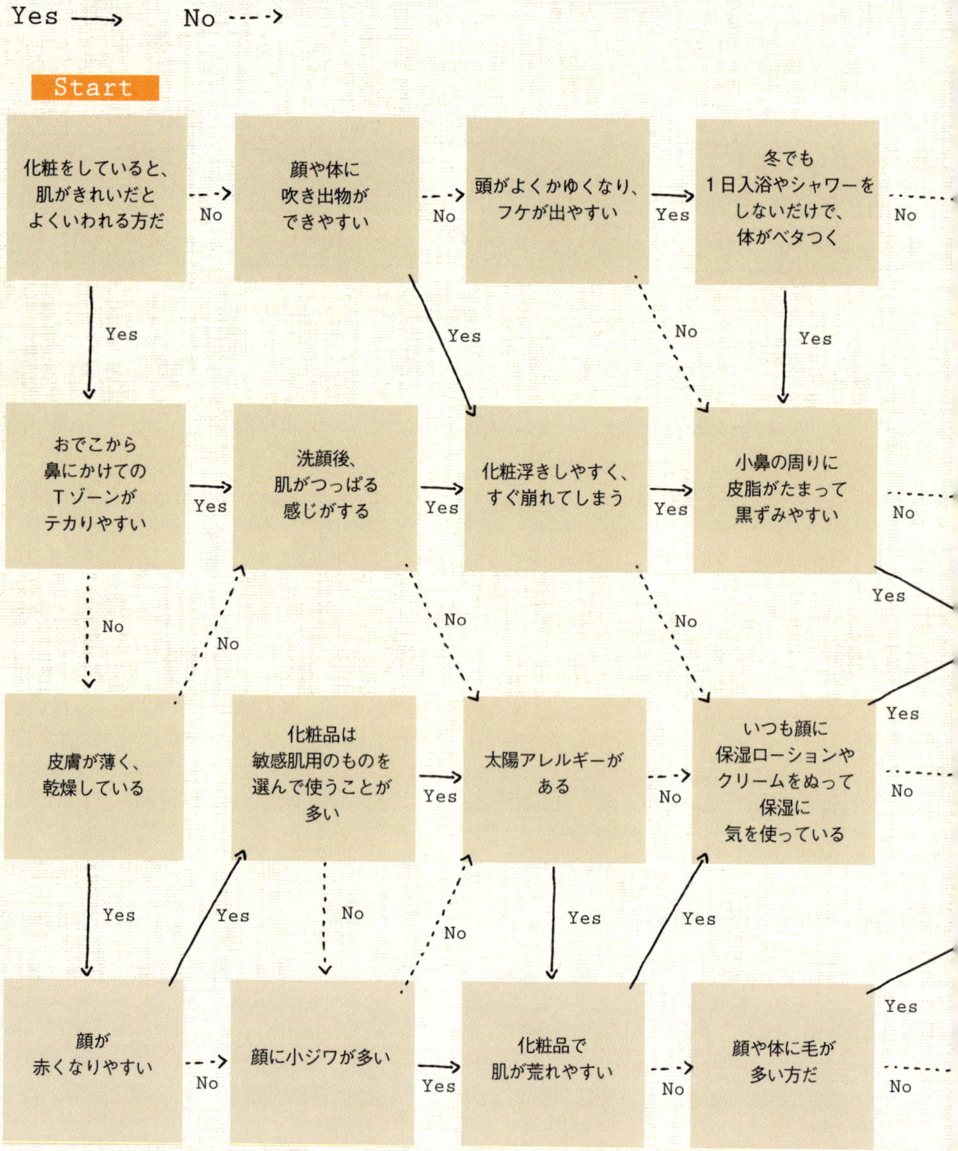

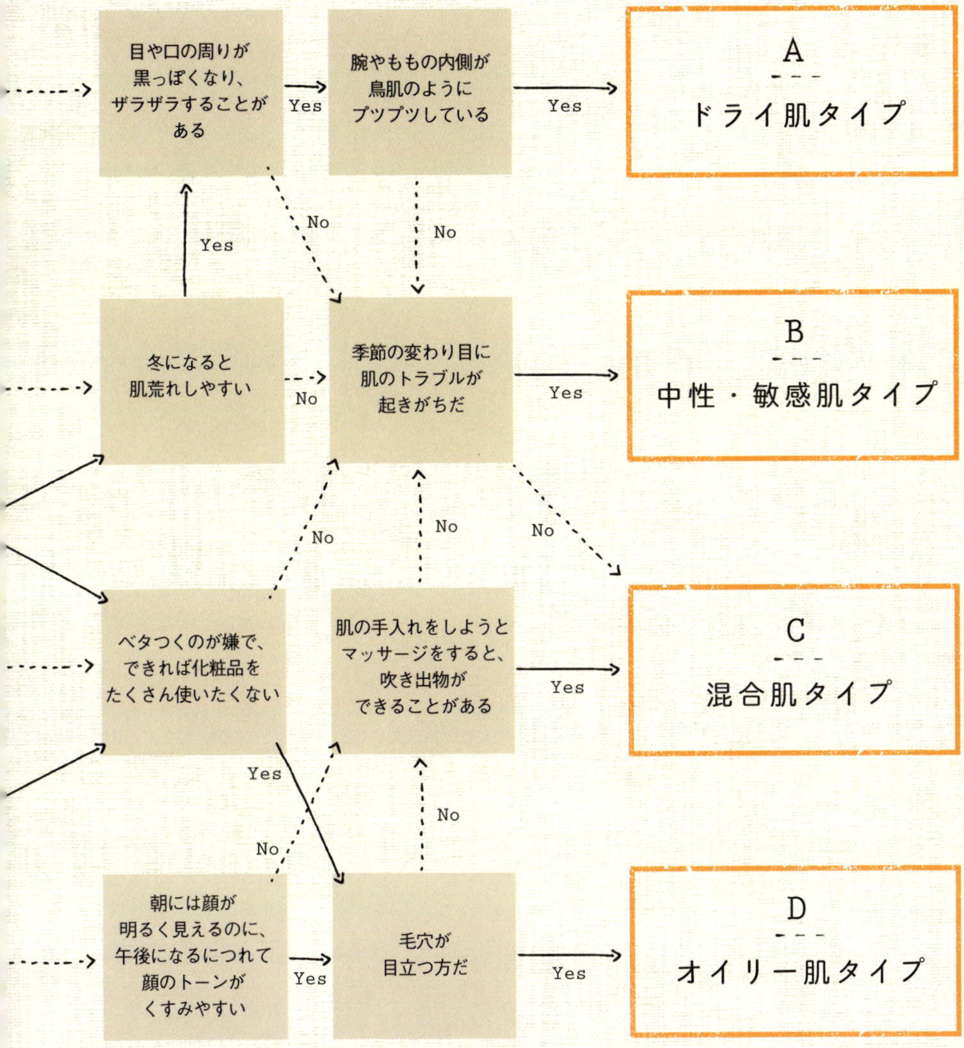
目や口の周りが黒っぽくなり、ザラザラすることがある
腕やもものの内側が鳥肌のようにプツプツしている
A ドライ肌タイプ
冬になると肌荒れしやすい
季節の変わり目に肌のトラブルが起きがちだ
B 中性・敏感肌タイプ
ベタつくのが嫌で、できれば化粧品をたくさん使いたくない
肌の手入れをしようとマッサージをすると、吹き出物ができることがある
C 混合肌タイプ
朝には顔が明るく見えるのに、午後になるにつれて顔のトーンがくすみやすい
毛穴が目立つ方だ
D オイリー肌タイプ
Yes
No

A

ドライ肌タイプ

水分が不足して肌のつやがなくなり、カサつきがち。角質がはがれて粉をふいたようになる人や、ちょっとした刺激でかぶれやすい敏感肌の人も多いタイプです。普段から保湿ローションなどで小まめに肌に潤いを与え、週1回程度、保湿効果の高いパックをするとよいでしょう。また、肌が敏感だと自覚する人は、Bの敏感肌に適した材料や、パックのレシピに表示した肌タイプ別適性の、ドライ肌と敏感肌の両方を参考にして。

ドライ肌に適した、
保湿効果の高い材料

じゃがいも、きゅうり、アロエ、バナナ、りんご、すいか、キウイ、ぶどう、プレーンヨーグルト、牛乳、卵の黄身、ごま油、はとむぎ粉、昆布粉、米ぬかなど

B

中性・敏感肌タイプ

肌の水分と油分のバランスがよく、健康な肌です。ただ、季節の変わり目や、体調が悪いときなどには敏感になりやすいので気をつけて。日ごろから手を抜かず、洗顔と保湿を心がけ、週1回程度のパックで肌の代謝を促しましょう。肌の調子がよいときは、野菜や果物を使ったパックが最適。肌が敏感な時期には、肌のリズムを整えてくれる材料がおすすめです。

敏感肌に適した、
肌のリズムを整える材料

じゃがいも、セロリ、バナナ、りんご、すいか、プレーンヨーグルト、オリーブオイル、昆布粉、オートミール粉など

C

混合肌タイプ

皮脂の分泌が盛んなTゾーンにはニキビや吹き出物ができやすく、頬からあごにかけてのUゾーンは水分が不足して乾燥しがちです。毎日しっかり洗顔して汚れを落とし、保湿はTゾーンを少なめ、Uゾーンをたっぷりめにするとよいでしょう。パックは、Tゾーンにオイリー肌向けのものを使い、Uゾーンにドライ肌向けのものを使うのがベスト。また、ドライ肌にもオイリー肌にも向く素材のものを選んでもよいでしょう。

混合肌に適した、
余分な皮脂を落としながら
保湿力も高い材料

じゃがいも、りんご、すいか、ぶどう、プレーンヨーグルト、牛乳、柿の葉茶、はとむぎ粉、オートミール粉、昆布粉など

D

オイリー肌タイプ

顔全体がテカりやすく、毛穴が目立って肌のキメが粗く見えがち。皮脂の分泌が盛んで、吹き出物やニキビができやすいタイプです。洗顔をしっかりして、肌を清潔に保ちましょう。定期的に、皮脂や毛穴の汚れを取り除くパックやスクラブなどをするのがおすすめです。

オイリー肌に適した、
皮脂除去や肌の
鎮静作用のある材料

ほうれん草、にんじん、トマト、レモン、パセリ、キャベツ、いちご、りんご、すいか、オレンジ、ぶどう、プレーンヨーグルト、牛乳、果実酢、はとむぎ粉、オートミール、昆布粉、小豆粉　など

※パックのレシピには、それぞれの肌タイプごとに適性を表示しているので参考にしてください。ただし、肌タイプ別に挙げたそれぞれに適した食材も含め、あくまでも目安です。必ず事前にパッチテストをし、自分の肌に合うか確かめてから使用してください（パッチテストの仕方はP.21参照）。また、食物アレルギーのある食材は使わないでください。

Part 2

キッチンで作る ナチュラルパック・実践編

身近な食材を使って、早速ナチュラルパック作りをスタート！
肌をしっとりさせたいときや、紫外線ダメージを受けたときのケア、
美白効果を期待したいときなど、
効果別のパックのレシピをご紹介します。作り方と使い方の
ポイントをよく読んでから始め、その効果を体験してみて。

天然の力を
100%生かす！

パック作りと使い方のポイント

1

新鮮な食材を選ぶ

古くなった野菜や果物を、捨てるのがもったいないからとパックに使うのはNG。肌に刺激を与え、トラブルの原因になります。肌に使うのは、新鮮な食材を使うのが鉄則。無農薬や有機農栽培の食材なら、さらに望ましいでしょう。

2

皮をむいて使う材料でも、よく洗って使う

皮ごと使う野菜や果物はもちろん、皮をむいて使う場合でも、必ず表面をよく洗ってから使いましょう。表面についた汚れが皮をむく課程で食材につき、肌への刺激となることがあるからです。

3

野菜や果物を使ったパックは、1回分ずつ作る

野菜や果物で作ったパックは、時間がたつにつれてビタミンCが破壊され、成分が変質します。毎回1回分ずつ作り、その都度使いきりましょう。作ってから30分以内に使うと、成分を効果的に吸収できます。

4

パックを作るときの道具は、常に清潔に

パックを作る材料だけでなく、道具も常に清潔に保ちましょう。材料に触れる前には必ず手をきれいに洗うのは基本。パックを作るときの包丁やまな板、ボウル、おろし器などは使う前によく洗い、お酢をかけてキッチンペーパーでふき取るか、熱湯をかけて消毒するのがおすすめです。

5

アレルギーのある食物は使用を避け、事前に必ずパッチテストをする

天然の材料を使うからといって100%安心と考えるのは間違い。体質によってアレルギーのあるものや、合わない材料があるので注意しましょう。食物アレルギーがあると分かっている食材は使用を避け、そうでない材料でも、必ず事前にパッチテストをしましょう。

[パッチテストのやり方]

耳の後ろかひじの裏側に、使用するパックを少量塗ります。約1時間そのままにしておき、赤くなったり、かゆみなどのアレルギー反応が出た場合は、そのパックの使用を避けましょう。

6

パックをするのは、1週間に1、2回程度に

いくら肌によいパックでも、しょっちゅうやりすぎるのはNG。肌の油分や角質が必要以上に除去され、かえって肌の弾力が失われる原因にもなります。パックをする頻度は、1週間に1、2回程度がベスト。敏感肌で刺激を受けやすい肌質の人は、最初のうちは月1回程度からスタートし、慣れてきたら2週間に1回、1週間に1回と、少しずつ頻度を上げるとよいでしょう。

パックの使い方の基本

1 洗顔して化粧をしっかり落とす

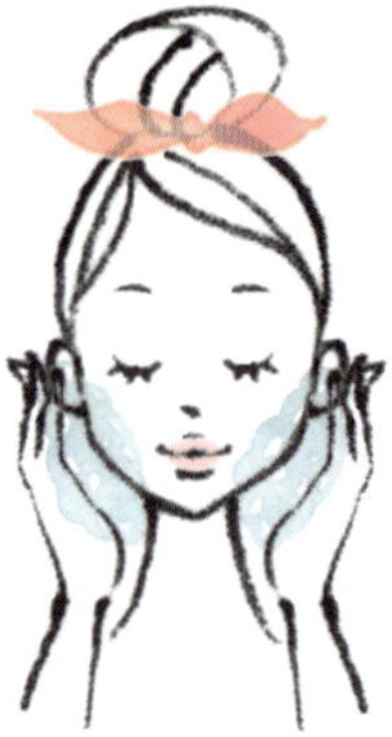

手をきれいに洗い、クレンジングフォームを手でよく泡立てて顔全体に泡をつけます。泡の上から手で円を描くようにして汚れを落とし、ぬるま湯ですすぎます。

2 化粧水で肌のキメを整える

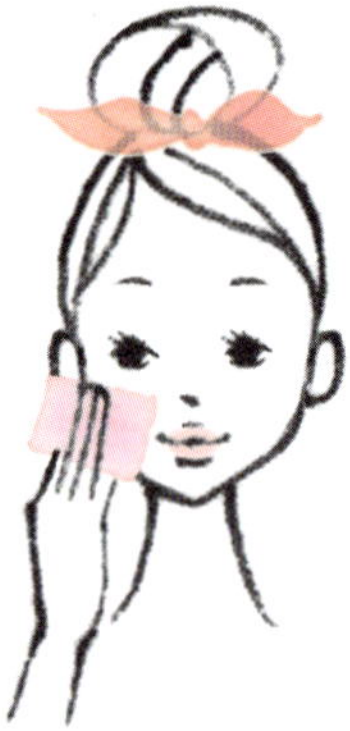

コットンに化粧水をたっぷり含ませ、軽くたたくようにして顔全体につけます。敏感な目の周りや唇にはアイクリームやリップクリームをぬっておくと、パックの刺激が緩和されます。

3 肌の温度が低い部分からパックをぬる

パックを目や唇の周りを避け、顔の中心から外側にぬり広げます。また、ナチュラルパックは冷たく、乾くまでに時間がかかるので、肌の温度の低い部分から頬、あご、鼻、おでこの順にぬり、温度変化による刺激を少なくしましょう。スキンケア用シートマスクやパック用のハケを使うと便利。

4　約15分 そのままキープ

パックをつけたら、15分ぐらいそのまま置きます。敏感肌の人は刺激を受けやすいので、10分以内を目安にして。それ以外の人も、あまり長くつけっぱなしにすると成分の酸化が始まるので、20分以上置かないようにしましょう。

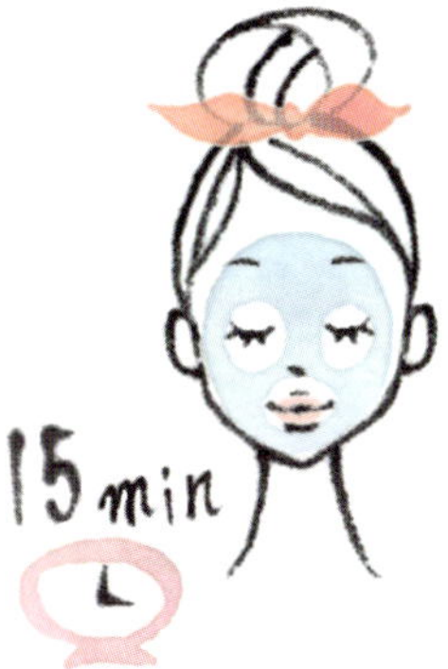

5　パックをきれいに洗い流す

ぬるま湯でパックを洗い流します。流水を使い、成分を残さずきれいに洗い流して。最後は冷たい水ですすぎ、毛穴を引き締めます。

6　20～30分 肌を休ませてから保湿

20～30分程、何もつけずに肌を休ませて。その後、いつもよりたっぷりめの化粧水で保湿します。コットンに化粧水をたっぷりつけ、肌のキメにそってやさしくぬりましょう。

パックの効果がUPする！

プラスポイント3

より効果的にパックを使うために、
できれば実行したいプラスポイント。週末にじっくり時間をかけて行えばリラックス効果も高まり、自宅でエステ気分です！

1

パックを使う前に、スチームタオルで毛穴を開く

ナチュラルパックの成分が最大限に吸収されるよう、パックをする前にスチームタオルで毛穴を開いておきましょう。洗顔後、何もつけない状態で行い、毛穴が開いたら化粧水で保湿し、パックを使います。

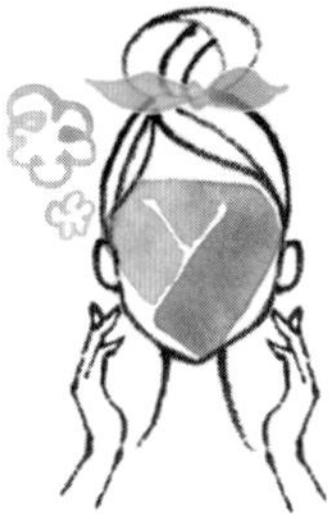

1.

タオルを水につけて絞り、電子レンジで30秒〜１分加熱し、顔にのせても熱くない程度の温度に調整して。これを細長く半分に折り、中心をおでこにのせ、両側を斜めに折って頬からあごまでを覆います。この上から指先で顔を押してマッサージを。

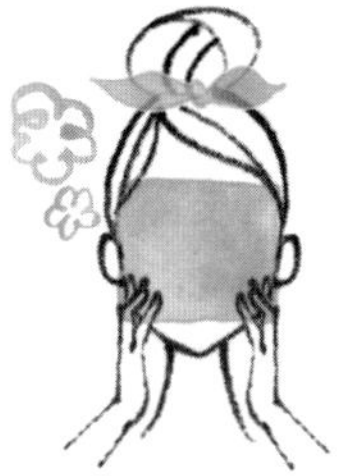

2.

タオルを広げて長さを半分に折り直して顔全体に広げ、もう一度顔全体を指でマッサージしましょう。

2

パックをつけるときに、スキンケア用シートマスクやハケを使う

顔にパックをぬるとき、スキンケア用シートマスクを使うと肌への刺激が緩和され、落とすときもラク。シートは水にぬらして水気をしっかり絞り、顔に広げてからパックをぬります。また、パック用ハケを使うとむらなくきれいにぬり広げられ、パックの効果を最大限に生かせます。

スキンケア用シートマスクはドラッグストアや100円ショップなどで手軽に購入できます。

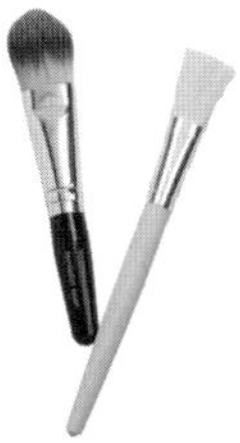

パック用のハケは、自分でぬるタイプのパック剤を販売している化粧品メーカーや一部の韓国コスメショップ、ネットショップなどで購入できます。ドラッグストアなどで購入できる、ファンデーション用のハケで代用してもOK。

3

パックを洗い流したあと、冷たいタオルで毛穴を閉じる

パックを終えて洗顔したあとは、冷たいタオルで毛穴をしっかり閉じると肌の弾力がアップ。タオルを水につけて絞り、パックをしている間、冷蔵室か冷凍室に入れて冷やしておきます。パックを洗い流したあと、化粧水で保湿する前に、スチームタオルと同じ要領で冷やしたタオルを顔にのせてマッサージして。

パック作りに使う道具

基本的に、ナチュラルパックは
キッチンにある道具で作れます。
よく使うものや、
あると便利なものをご紹介！

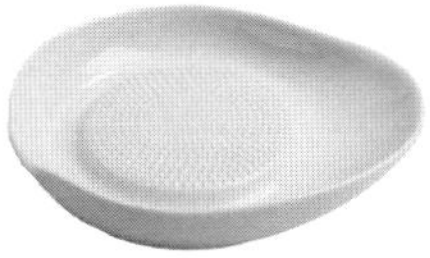

おろし器

金属製のものはビタミンを破壊してしまうことがあるので、セラミックやプラスチック製のものがおすすめ。

小ぶりのボウル

パックの材料を混ぜるのに、小ぶりのボウルがあると便利。

すりこ木とすり鉢

オートミールを粉状にしたり、材料をきれいにつぶしたりするのに使います。離乳食用のものなど、小さなもので十分。

計量スプーン（大さじ・小さじ）と計量カップ

慣れるまでは材料をきちんと量って。レシピの大さじ1は15㎖、小さじ1は5㎖、1カップは200㎖です。

フードプロセッサー、ミキサー

ぶどうやアロエなど、おろし器ですりおろしにくいものを細かくするのに便利。ミキサーを使うときは、材料に水を少量加え、小麦粉などを多めに加えてかたさを調節します。

ミル

必須ではありませんが、乾物などを粉状にするのに便利。昆布や小豆などを自宅で粉砕して粉にできます。

次のページから、
ナチュラルパック作りをスタート！

肌をしっとり

保湿力に優れた食材を使ったパック。
乾燥した肌に水分を与え、小ジワなどの予防にも効果的です。

バナナミルクパック

バナナには、肌につやを与えるビタミンAや
糖分などの栄養がたっぷり！　また、牛乳の脂肪分が
乾燥した肌をしっとりさせます。乾燥した肌の保湿や、
エイジングケアにもぴったりのパックです。

肌タイプ別適性

- ドライ肌…◎
- 敏感肌…○
- 混合肌…△
- オイリー肌…×

はちみつりんごパック

りんごには有機酸がたっぷり含まれ、古い角質の除去や、
肌の保湿に効果的。保湿効果の高いはちみつとの相乗効果で、
つややかな肌に！　乾燥による小ジワ予防にもおすすめです。

肌タイプ別適性

ドライ肌…○
敏感肌…△
混合肌…◎
オイリー肌…○

肌をしっとり

バナナミルクパック

■材料

バナナ……½本
牛乳……大さじ2
小麦粉……大さじ2

■作り方

1. バナナは皮を向き、適当な大きさにちぎってボウルに入れる。

2. フォークなどでなめらかになるまでつぶす。

3. 牛乳を加え、小麦粉を少しずつ加えながらよく混ぜる。

4. 小麦粉はレシピの分量を目安に、トロリとしてパックが顔にぬりやすい硬さになるまで少しずつ混ぜて調整する。

はちみつりんごパック

■材料

はちみつ……大さじ１
りんご（皮ごとすりおろす）
……大さじ１
小麦粉……大さじ２

■作り方

1．はちみつは約30分湯せんにかけ、冷ます。

2．りんごはよく洗い、皮ごとおろし器ですりおろす。

3．１と２をボウルに入れてよく混ぜ、小麦粉を少しずつ加えてトロリとするように調整する。

Tip!

オートミール粉を使えばさらにしっとり！

同じ分量で、小麦粉の代わりにオートミール粉を使うのもおすすめです。オートミールは保湿力が高く、肌タイプを選ばず使える材料。市販のオートミールをミルで粉砕するか、すり鉢ですって粉状にして使います。

Point

はちみつは刺激が強いので、肌が敏感な人は必ず湯せんして使いましょう。鍋に湯を沸かして弱火にし、ビンなどに入れたはちみつを入れて約30分湯せん。パック用に数回分まとめて湯せんしておくと便利です。

Point

りんごは皮にもたっぷり栄養が含まれているので、よく洗って皮ごとすりおろします。

肌をしっとり

ぶどう昆布パック

ぶどうの糖分と水分で肌をしっとりさせ、栄養を補給。
とくに乾燥した頬や、
角質のできた部分に使うとよいでしょう。
どんなタイプの肌にも使いやすいパックです。

肌タイプ別適性

ドライ肌…◎
敏感肌…○
混合肌…◎
オイリー肌…◎

柿の葉小麦粉パック

ビタミンCがたっぷりの
柿の葉茶を使ったパック。
ぬるめの湯でゆっくり抽出し、
成分を壊さないようにするのが
ポイントです。
保湿や美白効果、
肌を清潔に保つ作用も。

肌タイプ別適性

ドライ肌…△
敏感肌…△
混合肌…◎
オイリー肌…○

抹茶卵黄パック

卵の黄身は保湿効果が高く、
乾燥した肌をツヤツヤに！
緑茶を粉にした抹茶に
含まれるカテキンには、
菌の繁殖を抑制する効果が
あるので、ニキビのできやすい
肌にも向いています。

肌タイプ別適性

ドライ肌…○
敏感肌…△
混合肌…○
オイリー肌…○

肌をしっとり

ぶどう昆布パック

■材料

ぶどう……8～20粒（約20g）
牛乳……大さじ3
昆布粉……大さじ½

※ぶどうの数は粒の大きさによって調整します。

■作り方

1. ぶどうはよく洗い、種がある場合は除く。
2. 1のぶどうを牛乳とともにフードプロセッサーにかけてなめらかにする。
3. 昆布粉を少しずつ加え、トロリとするように調整する。

Point

昆布粉は自然食品のお店やネットショップなどで市販されていますが、乾燥昆布をミルでかくはんし、粉状にして使ってもよいでしょう。

柿の葉小麦粉パック

■材料

柿の葉茶ティーバッグ……１個
湯（約60℃）……¼カップ
小麦粉……大さじ３

■作り方

1. 柿の葉茶ティーバッグを60℃の湯に約５分つけ、成分を抽出する。

2. 小麦粉を少しずつ加え、トロリとするように調整する。

抹茶卵黄パック

■材料

卵黄……１個分
抹茶……大さじ１

■作り方

卵黄をボウルに入れて溶き、抹茶を加えてよく混ぜる。

●ニキビや吹き出物などのトラブルが起きやすい肌には、卵黄の代わりに卵白を泡立て、抹茶と混ぜてパックにすると効果的です。

Tip!

余った卵の白身を、天然のクレンジング剤に！

卵の白身は洗浄力にすぐれ、皮脂や汚れを落とすクレンジング剤として使えます。卵黄をパックに使った残りの卵白１個分を泡立てて顔にやさしくぬり、そのまま５～10分置いて。ぬるま湯ですすいで成分をよく洗い流し、最後に冷たい水ですすぎます。また、泡立てた卵白を乾燥した唇にぬり、ラップをかぶせてスチームタオルを当てて少し置き、洗い流すとプルプルに！

肌をしっとり

肌タイプ別適性

ドライ肌…○
敏感肌…△
混合肌…○
オイリー肌…◎

はちみつワインパック

老廃物を除去し、血液循環をよくするワインと、
栄養たっぷりのはちみつの組み合わせ。保湿効果にすぐれ、
肌をやわらかく。色味も鮮やかで、気分よく使えるパックです。

牛乳はちみつパック

肌タイプ別適性

ドライ肌…◎
敏感肌…○
混合肌…△
オイリー肌…×

シンプルな材料ででき、乾燥した肌にぴったりのパックです。
水分が多いので、パック液にシートマスクを直接浸して顔につけます。
牛乳に油分が多いので、ニキビのできた肌には避けて。

オートミール牛乳はちみつパック

肌の保湿効果の高い牛乳とはちみつに、
オートミール粉をプラス。ミネラルやビタミンBが
豊富に含まれるオートミールは、
肌への刺激が少なく、洗浄作用に優れています。

肌タイプ別適性

ドライ肌…◎
敏感肌…○
混合肌…△
オイリー肌…△

肌をしっとり

はちみつワインパック

■材料

はちみつ……大さじ½
赤ワイン……大さじ3
小麦粉……大さじ3

■作り方

1. はちみつは約30分湯せんにかけ、冷ます（はちみつの湯せんの仕方はP.29参照）
2. ワインと1のはちみつをボウルに入れてよく混ぜ、小麦粉を少しずつ加えてトロリとするように調整する。

Tip!

冷たい赤ワインスキンケアで、肌のキメを整える！

ワインには肌の老廃物を除去し、毛穴を収縮させる効果が。ワインを冷蔵庫で冷たく冷やし、コットンに含ませます。これで、肌をなでるようにして全体につけたあと水で洗い流せば、肌のトーンが明るくなり、キメが整います。ワインは白よりも、ポリフェノールを多く含む赤がおすすめ。

牛乳はちみつパック

■材料

牛乳……大さじ4～5
はちみつ……大さじ1

■作り方

1. はちみつは約30分湯せんにかけ、冷ます（はちみつの湯せんの仕方はP.29参照）。牛乳は小鍋に入れて火にかけ、人肌に温める。

2. 1の材料をよく混ぜる。

●水分が多いパックなので、スキンケア用シートマスクを直接浸し、顔につけるとよいでしょう

オートミール牛乳はちみつパック

■材料

オートミール粉……大さじ2
はちみつ……小さじ1
グリセリン……大さじ1
牛乳……大さじ2

■作り方

1. オートミールは電動ミルかすり鉢で粉状にする。はちみつは約30分湯せんにかけ、冷ます（はちみつの湯せんの仕方はP.29参照）。

2. 1のオートミールとはちみつ、グリセリンをボウルに入れてよく混ぜる。牛乳を少しずつ加えてさらによく混ぜる。

Point

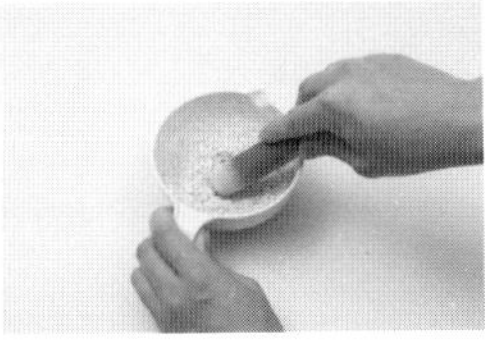

オートミールは電動ミルかすり鉢を使って粉状にして使います。まとめて粉状にしてビンなどに入れて保存すると便利

紫外線
ダメージケア

紫外線ダメージによるメラニンの沈着を抑えたり、
ほてりを感じたときにクールダウンするパックです。
日に焼けてしまったときは早めにケアし、肌へのダメージを最小限に。

じゃがいもアロマパック

じゃがいもには神経を鎮め、熱を下げるアトロピンという成分が含まれるため、夏の太陽にさらされた肌のほてりを冷ます効果が。また、保湿や美白効果も期待できます。鎮静作用のある、ラベンダーのエッセンシャルオイルと合わせて。

肌タイプ別適性

ドライ肌…◎
敏感肌…◎
混合肌…○
オイリー肌…△

肌タイプ別適性

ドライ肌…◎
敏感肌…△
混合肌…○
オイリー肌…△

きゅうり米ぬかパック

水分が多く、熱を鎮静する効果のあるきゅうりは、
日本の民間療法でも、昔から日焼けのケアに使われてきた食材。
保湿とホワイトニング効果の高い米ぬかをプラスし、
メラニンの沈着を抑えます。

きゅうり昆布パック

保湿効果の高いきゅうりと、
どんな肌タイプにも使いやすく、
ミネラルたっぷりで肌の炎症を
鎮静する効果のある昆布の組み合わせ。
シミやそばかすなどの予防に効果的です。

肌タイプ別適性

乾燥肌…◎
敏感肌…○
混合肌…○
オイリー肌…○

紫外線ダメージケア

じゃがいもアロマパック

■材料

じゃがいも……1個
グリセリン……小さじ½
ラベンダーエッセンシャルオイル
……2、3滴
小麦粉……大さじ4

■作り方

1. じゃがいもはよく洗って皮をむき、芽を取り除いておろし器ですりおろしてボウルに入れる。

2. グリセリンとエッセンシャルオイルを加え、よく混ぜる。

3. 小麦粉を少しずつ加え混ぜ、トロリとするように調整する。

● 夏場は顔だけでなく、紫外線にさらされやすい首や肩、背中などにパックするのもおすすめです。

Tip!

紫外線は美肌の大敵。UVケアも怠りなく！

紫外線はシミやそばかすの原因になるだけでなく、肌を傷つけてバリア機能を破壊し、肌を乾燥させたり、シワやたるみの原因にも。ダメージを未然に防ぐよう、紫外線対策を忘れずに。日焼け止めは外出する30分前にぬると効果的。また、つばの広い帽子をかぶる、日傘を差す、日差しの強い昼間は長袖の服を着るといったことも効果があります。日に焼けてしまったときは、パックで肌の代謝を高め、メラニンの沈着を防ぎましょう。ただし、急な日焼けで発熱したり、かゆみがあったりするときにはパックをするのを避けて。

きゅうり米ぬかパック

■材料

きゅうり……⅓本
米ぬか……大さじ1

■作り方

1. きゅうりはよく洗って皮を薄くむき、おろし器ですりおろす。これをガーゼで包み、汁を絞る。

2. 米ぬかを加えてよく混ぜる。

●水分がやや多めのパックなので、スキンケア用マスクシートを使うのがおすすめ。マスクシートを水でぬらしてよく絞って顔にのせ、パックをハケでぬります。

きゅうり昆布パック

■材料

きゅうり（すりおろす）……大さじ2
昆布粉……小さじ2
プレーンヨーグルト……大さじ1

■作り方

1. きゅうりはきれいに洗い、おろし器ですりおろしてボウルに入れる。

2. 昆布粉とヨーグルトを加えて混ぜ、トロリとするように調整する。

紫外線ダメージケア

キウイはちみつパック

キウイはフルーツの中でも、
ビタミンCの含有用がダントツ！
日焼けした肌を白くする効果に
すぐれています。さらに、
はちみつのビタミンやミネラルで、
ダメージを受けた肌に
栄養補給。

肌タイプ別適性

ドライ肌…◎
敏感肌…△
混合肌…○
オイリー肌…△

はちみつアロエパック

炎症を鎮め、熱を下げる
鎮静効果にすぐれたアロエは、
民間療法で傷ややけどの
手当てにも使われます。
保湿効果の高いはちみつと
組み合わせれば、日焼け後の
ケアにぴったりのパックに。

肌タイプ別適性

ドライ肌…○
敏感肌…×
混合肌…◎
オイリー肌…◎

すいかパック

すいかをおいしくいただいたあと、
皮を捨てずにパックに活用！
すいかの皮の白い部分には、
たっぷりの水分と、ビタミンや
ミネラルも豊富。熱を下げる
鎮静効果や保湿、ホワイトニング
効果などがあります。

肌タイプ別適性

乾燥肌…◎
敏感肌…○
混合肌…◎
オイリー肌…○

いちごヨーグルトパック

ビタミンたっぷりのいちごと
ヨーグルトを使った、見た目も
キュートなパック。いちごに
含まれるビタミンCが
紫外線ダメージを受けた肌を
活性化し、色素の沈着を防いで
肌のトーンを明るく
改善してくれます。

肌タイプ別適性

乾燥肌…○
敏感肌…○
混合肌…△
オイリー肌…×

紫外線ダメージケア

キウイはちみつパック

■材料

キウイ……½個
はちみつ……大さじ½
小麦粉……大さじ2

■作り方

1. はちみつは約30分湯せんにかけ、冷ます（はちみつの湯せんの仕方はP.29参照）。

2. キウイはよく洗い、皮をむいて適当な大きさに切り、フードプロセッサーにかけてなめらかにする。フードプロセッサーがなければおろし器ですりおろすか、すり鉢でなめらかにする。

3. 1と2をボウルに入れて混ぜ、小麦粉を少しずつ加え、トロリとするように調整する。

はちみつアロエパック

■材料

はちみつ……大さじ1
アロエ（すりつぶす）……大さじ1

■作り方

1. はちみつは約30分湯せんにかけ、冷ます（はちみつの湯せんの仕方はP.29参照）。

2. アロエは皮をむき、適当な大きさに切ってすり鉢ですりつぶすか、フードプロセッサーにかけ、なめらかにする。または、水少しを加え、ミキサーでかくはんする。

3. 1と2をボウルに入れてよく混ぜる。

●アロエは作用が強く、敏感肌の人はアレルギーを引き起こすこともあるため、アロエの代わりに酢を使ってもよいでしょう。また、水分の多いパックなのでスキンケア用シートマスクを使うのがおすすめです。

すいかパック

■材料

すいかの皮と実の間の白い部分
……1切れ分
小麦粉……大さじ2

■作り方

1. すいかの皮の内側の白い部分をおろし器ですりおろすか、適当な大きさに切り、フードプロセサーにかけてなめらかにする。または、水少しを加え、ミキサーでかくはんする。

2. 1をボウルに入れ、小麦粉を少しずつ混ぜてトロリとするように調整する。ミキサーを使った場合は小麦粉を分量より多めに加えてかたさを調整する。

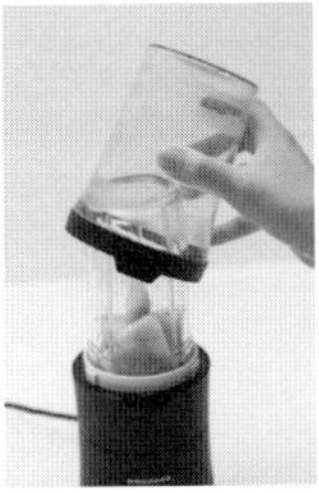

Point

食材をなめらかにするためにミキサーを使うときは、水を大さじ3程度加えてかくはんします。その分、小麦粉の量を少し多めにするなどして、パックのかたさを調整しましょう。

いちごヨーグルトパック

■材料

いちご……3個
プレーンヨーグルト……大さじ1
小麦粉……大さじ2

■作り方

1. いちごはよく洗ってヘタを除き、ボウルに入れてフォークなどでなめらかになるまでつぶす。

2. ヨーグルトを加えてよく混ぜ、小麦粉を少しずつ加えてトロリとするように調整する。

紫外線 ダメージケア

にんじん オートミール パック

にんじんにはビタミンAが豊富に含まれ、肌をやわらかくする効果が。刺激を受けた肌への鎮静効果が高く、紫外線ダメージケアのほか、皮脂が多くニキビができやすい肌の改善にも向いています。

肌タイプ別適性

- ドライ肌…×
- 敏感肌…△
- 混合肌…○
- オイリー肌…◎

柿の葉いちご 昆布パック

紫外線の刺激による熱を鎮静させながら、しっかり保湿してくれるパック。
柿の茶葉はビタミンなどの成分が壊れないよう、ぬるめの湯でじっくりいれて使うのがポイントです。

肌タイプ別適性

- ドライ肌…△
- 敏感肌…△
- 混合肌…○
- オイリー肌…◎

美白

パックには全体的に肌の血流をよくしてターンオーバーを促し、
肌色を明るくする効果が。なかでもとくに、
ホワイトニング効果にすぐれたものをご紹介します。

ほうれん草牛乳パック

ビタミンやミネラルが豊富なほうれん草は、
シミやそばかすの改善に向いています。刺激が少なく、
敏感な肌にも比較的使いやすい食材で、
肌のつやを回復する効果も！

肌タイプ別適性

ドライ肌…△
敏感肌…○
混合肌…○
オイリー肌…◎

紫外線
ダメージケア

にんじんオートミール
パック

■材料

にんじん……⅓本
オートミール（粉状にする）
……大さじ2
ごま油……大さじ1

■作り方

1．にんじんはよく洗って皮をむかずにおろし器ですりおろし、ボウルに入れる。オートミールは電動ミルかすり鉢で粉状にする。

2．1の材料を混ぜ、ごま油も加えてよく混ぜる。

柿の葉いちご昆布
パック

■材料

柿の葉茶ティーバッグ……1個
湯（約60℃）……¼カップ
いちご……2個
昆布粉……大さじ½
オリーブオイル……大さじ½
グリセリン……大さじ1

■作り方

1．ティーバッグを約60℃の湯に5分間浸し、柿の茶の成分を抽出して冷ます。

2．いちごはよく洗ってヘタを除き、ボウルに入れてフォークなどでつぶす。

3．2に1と昆布粉を加えてよく混ぜる。トロリとしてきたらオリーブオイル、グリセリンも加え、よく混ぜる。

美白

◇・◇・◈・◇・◇・◇・◇・◇・◇・◇

ほうれん草牛乳パック

■材料

ほうれん草の葉……5～6枚
牛乳……大さじ2
オリーブオイル……大さじ½
小麦粉……大さじ2

■作り方

1. ほうれん草はよく洗い、葉のみ摘む。

2. 1と牛乳をミキサーかフードプロセッサーでかくはんし、なめらかにする。

3. ボウルに2を入れてオリーブオイルを加えてよく混ぜ、小麦粉を少しずつ加えてトロリとするように調整する。

Tip!

ほうれん草のゆで汁も捨てずにパックに！

ほうれん草をゆでたあとのゆで汁には、ほうれん草の成分がたっぷり。捨てずにパックに活用すれば、美白効果を期待できます。ほうれん草のゆで汁少しに小麦粉を少しずつ加え混ぜてトロリとさせ、パックに使いやすいかたさになったら完成。

美白

米ぬか小豆パック

小豆に含まれるサポニンという成分は、
シミやそばかすなどのメラニン色素を薄める効果が。
さらに、米ぬかは、美白や肌の浄化に効果的。
週に1、2回ずつパックを続ければ、
肌のトーンが見違えるほど明るくなります。

肌タイプ別適性

ドライ肌…◎
敏感肌…△
混合肌…○
オイリー肌…○

米ぬかヨーグルトパック

ビタミンやミネラルが豊富で、保湿やホワイトニング、
肌の老廃物除去などの効果の高い米ぬかに、ヨーグルトとはちみつを
加えてなめらかな使い心地に。肌の老廃物をやさしく除去し、
肌色を明るくするパックです。

肌タイプ別適性

ドライ肌…◎
敏感肌…△
混合肌…○
オイリー肌…○

米粉ヨーグルトパック

米粉とヨーグルトだけを使った
美白パックは、やわらかな
使い心地で、敏感肌の人でも
比較的使いやすい仕上りに。
顔全体にぬり広げたら
やさしくマッサージすると
よいでしょう。

肌タイプ別適性

ドライ肌…◎
敏感肌…○
混合肌…○
オイリー肌…△

美白

米ぬか小豆パック

■ 材料

小豆粉……大さじ１
米ぬか……大さじ１
水……大さじ３

■ 作り方

材料をすべてボウルに入れて混ぜ、トロリとするように調整する。

● 小豆粉はネットショップなどで市販されていますが、電動ミルがあれば、自宅で乾燥小豆を粉砕して使ってもＯＫ。肌の刺激にならないよう、できるだけ細かくして使って。

Tip!

米ぬかは、美肌の強い味方！

米を精米したあとに残る米ぬかにはビタミンやミネラル、食物繊維などが豊富で、日本でも昔から洗顔などに使われてきました（米ぬかを使った洗顔方法はP.73参照）。精米店などで安く手に入るので、ぜひ活用したいもの。スーパーなどでぬか漬け用に調味料を混ぜたものが売られていますが、必ず調味料の入っていない、米ぬか100％のものを選んで。虫がつかないよう、冷凍庫で保存します。

米ぬかヨーグルトパック

■材料

米ぬか……大さじ1
小麦粉……大さじ1
プレーンヨーグルト……大さじ1½
はちみつ……小さじ1

■作り方

1. はちみつは約30分湯せんにかけて冷ます（はちみつの湯せんの仕方はP.29参照）。

2. 米ぬかと小麦粉をボウルに入れ、よく混ぜる。

3. ヨーグルトを少しずつ加え混ぜ、トロリとしてきたら1のはちみつを加えてよく混ぜる。

米粉ヨーグルトパック

■材料

米粉……大さじ3
プレーンヨーグルト……大さじ3

■作り方

米粉とヨーグルトをよく混ぜ、トロリとするように調整する。

美白

にんにくはちみつパック

にんにくは肌の新陳代謝を促す作用や、
殺菌作用にすぐれた食材。メラニン色素を肌の外に排出させ、
たまった角質を除去するので、肌の透明感がアップします。

肌タイプ別適性

ドライ肌…△
敏感肌…×
混合肌…△
オイリー肌…◎

りんごはとむぎパック

保湿や美白作用があり、
民間療法ではイボの治療などにも
使われるはとむぎ。
有機酸の豊富なりんごと
組み合わせ、
ホワイトニング効果を高めました。

肌タイプ別適性

ドライ肌…△
敏感肌…△
混合肌…○
オイリー肌…◎

セロリにんじんパック

セロリに豊富に含まれる
葉緑素とにんじんに含まれる
ビタミンが、肌につやを
与えます。余分な角質や皮脂を
除去する効果にすぐれ、
くすんだ肌のトーンを
明るく改善。

肌タイプ別適性

ドライ肌…△
敏感肌…△
混合肌…○
オイリー肌…◎

美白

◇・◇・◆・◇・◇・◇・◇・◇・◇・◇

にんにくはちみつパック

■材料

にんにく……2～3片
はちみつ……½カップ

■作り方

1. にんにくは皮をむいてきれいに洗い、水気をよくふいて薄切りにする。

2. 煮沸消毒したビンにはちみつと1のにんにくを入れ、フタをして約30分湯せんする。涼しい所に3日ほど置き、はちみつににんにくの成分が浸透したら完成。冷蔵庫に入れて1週間～10日程保存できる。

●にんにくはちみつパックははちみつの部分をパック用のハケに取り、顔全体にぬり広げます。鼻の部分に切り込みを入れたラップかスチームタオルをかぶせて指先で軽く顔全体をマッサージし、約10分そのまま置いて。ぬるま湯できれいに洗い流し、最後に冷たい水で毛穴を引き締めると、見違える程やわらかな肌に。

〈保存ビンの煮沸消毒の仕方〉

大きめの鍋に保存ビンとフタ、たっぷりの水を入れ、ビンが完全に水につかるようにします。火にかけて約10分煮立たせ、火を止めてトングなどでビンを乾いた清潔なフキンの上に取り出し、乾かします。

Tip!

エッセンシャルオイルをプラスし、ニキビの改善に

にんにくはちみつパックにティーツリーのエッセンシャルオイルを1滴加えて混ぜると、ニキビの改善に効果的。就寝前にパック液を綿棒につけ、顔だけでなく、背中などにできたニキビにぬるとよいでしょう。

りんごはとむぎパック

■ 材料

りんご……¼個
はとむぎ粉……大さじ１
グリセリン……大さじ１

■ 作り方

1. りんごはよく洗ってヘタと種を除き、皮ごとすりおろしてボウルに入れる。
2. グリセリンを加えてよく混ぜる。はとむぎ粉を少しずつ加え混ぜ、トロリとするように調整する。

セロリにんじんパック

■ 材料

セロリの葉……１枝
にんじん……¼本
卵の黄身……１個分
小麦粉……大さじ３

■ 作り方

1. セロリとにんじんはよく洗い、皮をむかずにおろし器ですりおろすか、適当な大きさに切ってフードプロセッサーでかくはんする。
2. １をボウルに入れ、卵の黄身を加えてよく混ぜる。小麦粉を少しずつ加えてトロリとするように調整する。

美白

きな粉ぶどうパック

炒った大豆を粉にしたきな粉には、美白効果のあるイソフラボンがたっぷり。保湿効果が高く、肌のキメを整える作用のあるぶどうと組み合わせました。シミ・そばかすの改善にも効果的です。

肌タイプ別適性

ドライ肌…◎
敏感肌…○
混合肌…○
オイリー肌…△

りんごジュース昆布パック

果汁100%のりんごジュースを使って手軽にできるパック。肌にたまった古い角質を落として潤いと栄養を与え、透明感のある白い肌に。

肌タイプ別適性

ドライ肌…○
敏感肌…◎
混合肌…◎
オイリー肌…○

皮脂除去

肌にたまった余分な皮脂を除去し、肌を清潔に保つ効果の高いパック。
Tゾーンのテカリや化粧浮きの予防にもなります。
オイリー肌の人は週に1、2回程度継続して使うと、効果がさらにアップ。

はちみつレモンパック

レモン汁とベーキングパウダーが反応して立った泡が、肌にたまった余分な皮脂をすっきり洗浄。はちみつを加えているので、仕上りはつっぱらず、しっとりします。

肌タイプ別適性

ドライ肌…△
敏感肌…×
混合肌…○
オイリー肌…◎

美白

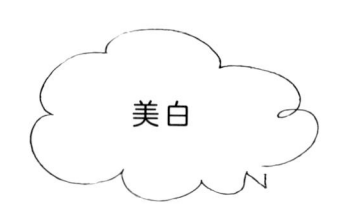

きな粉ぶどうパック

■材料

ぶどう……8～20粒（約20g）
きな粉……大さじ2

※ぶどうの数は粒の大きさによって調整します

■作り方

1. ぶどうはよく洗って皮と種を除き、細かく切ってボウルに入れる。

2. きな粉を加えて混ぜ、トロリとするように調整する。

りんごジュース昆布パック

■材料

りんごジュース（果汁100％）
……大さじ2
昆布粉……小さじ1

■作り方

りんごジュースに昆布粉を加え、よく混ぜてトロリとさせる。

皮脂除去

はちみつレモンパック

■材料

レモン汁……小さじ1
はちみつ……大さじ1
ベーキングパウダー……大さじ1

※レモン汁はたくさん入れすぎると刺激になって顔がヒリヒリすることがあるので、必ず分量を守って。

■作り方

ボウルにすべての材料を入れ、泡立ちを利用してよく混ぜる。

Point

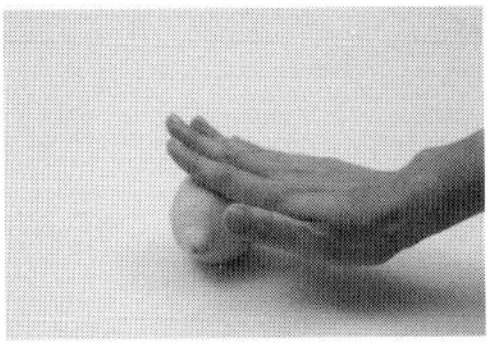

レモンはよく洗ってかたい台の上に置き、手のひらで押すように転がしてから果汁を絞ると、組織がやわらかくなって絞りやすくなります。

皮脂除去

トマト昆布パック

トマトには有機酸やビタミンA、Cなどが豊富に含まれ、
穏やかなピーリング作用やクレンジング効果に
すぐれています。鎮静作用のある昆布との組み合わせは、
ニキビや皮脂の多い肌の改善にぴったり。

肌タイプ別適性

ドライ肌…△
敏感肌…×
混合肌…○
オイリー肌…◎

キャベツ小麦粉パック

余分な皮脂を取り除き、
ニキビケアにもおすすめの
キャベツ。肌の老化を防ぐ
ビタミンＣやビタミンＥが豊富で、
免疫力を高め、
肌をつやつやにする効果も。

肌タイプ別適性

ドライ肌…×
敏感肌…△
混合肌…○
オイリー肌…◎

りんご酢パック

りんご酢と水だけの、
シンプルなパック。肌への刺激が
少なく、さっぱりとした
使用感です。脂質の除去や
ニキビ予防、毛穴の収縮作用に
すぐれています。

肌タイプ別適性

ドライ肌…△
敏感肌…○
混合肌…◎
オイリー肌…○

皮脂除去

トマト昆布パック

■材料

トマト（皮は湯むきする）……½個
昆布粉……大さじ½

※トマトは半分に切る前に湯むきを。ヘタの反対側に十字に切り込みを入れ、熱い湯に約30秒浸してはがれてきた皮をむきます。

■作り方

1. トマトは適当な大きさに切ってボウルに入れ、フォークなどでなめらかになるまでつぶす。

2. 昆布粉を少しずつ加え、トロリとするように調整する。

Tip!

小鼻周りの黒ずみ除去にも効果的！

トマト昆布パックは小鼻用のパックにも向いています。パックを小鼻周りにぬり、マッサージしてから少し置き、洗い流します。黒ずんだ皮脂を効果的に除去してすっきり！

キャベツ小麦粉パック

■材料

キャベツ……½枚
小麦粉……大さじ3

■作り方

1. キャベツはよく洗っておろし器ですりおろすか、適当な大きさに切り、フードプロセッサーでかくはんする。または、水少しを加え、ミキサーでかくはんする。

2. 小麦粉を少しずつ加え、トロリとするように調整する。ミキサーを使った場合は小麦粉を分量より多めに加えてかたさを調整する。

リンゴ酢パック

■材料

りんご酢……大さじ1
水……½カップ

■作り方

ボウルに水とりんご酢を入れて混ぜる。

●スキンケア用シートマスクをパック液に直接浸し、顔に広げて使います。乾いてきたらときどき上からハケでぬり足し、約15分したら水で洗い流して。

肌の弾力アップ

毛穴の引き締め効果の高い素材を使ったパックで、
肌に弾力をプラス！　たるみのない、
プルンとした肌を目指しましょう。

ぶどうパセリパック

ぶどうには、肌のキメを整え、
白くする作用のあるぶどう酸、
りんご酸などの有機酸が豊富。
パセリに含まれるカロチンや
ビタミンがその効果を
高めてくれます。夏場、汗をかいて
疲れた肌におすすめです。

肌タイプ別適性

ドライ肌…○
敏感肌…×
混合肌…◎
オイリー肌…◎

小豆粉にんじんパック

小豆に含まれるサポニン成分が、
毛穴の汚れや皮脂を落とし、
毛穴を収縮させます。
オイリー肌の改善にも向く
ニンジンとの組み合わせで、
すっきり弾力のある肌に。

肌タイプ別適性

ドライ肌…△
敏感肌…△
混合肌…○
オイリー肌…◎

卵黄オレンジパック

卵黄は、紫外線などを浴びて
疲れた肌に栄養を補給し、
肌につややハリを与えます。
オレンジに含まれる
ビタミンCとの相乗効果で、
小ジワ予防や美白効果も。

肌タイプ別適性

ドライ肌…◎
敏感肌…△
混合肌…○
オイリー肌…△

いちごはとむぎパック

ビタミンCが豊富ないちごと、
ミネラルが豊富なはとむぎの
組み合わせ。肌に残った
余分な角質を除去し、
毛穴を収縮させて肌の弾力を
回復させます。

肌タイプ別適性

ドライ肌…○
敏感肌…△
混合肌…○
オイリー肌…○

肌の弾力アップ

ぶどうパセリパック

■材料

ぶどう……8～20粒（約20g）
パセリ……1枝
ピーマン……⅓個
プレーンヨーグルト……大さじ2
はとむぎ粉……大さじ2
アロマオイル（ローズマリー）
……1、2滴

※ぶどうの数は粒の大きさによって調整します

■作り方

1．ぶどうはよく洗い、種があれば除く。パセリは流水で洗う。ピーマンはよく洗ってヘタと種を除く。

2．1の材料をフードプロセッサーでかくはんする。

3．ヨーグルト、はとむぎ粉を加えてよく混ぜてトロリとさせ、アロマオイルを加えて混ぜる。

小豆粉にんじんパック

■材料

にんじん……⅓個
牛乳……大さじ1
小豆粉……大さじ1

■作り方

1．にんじんはよく洗い、皮をむかずにおろし器ですりおろしてボウルに入れる。

2．牛乳を加えてよく混ぜ、小豆粉を少しずつ加えてトロリとするように調整する。

卵黄オレンジパック

■材料

卵黄……1個分
オレンジ果汁……大さじ1

■作り方

1. オレンジはよく洗い、外側の皮と薄皮をむいて果肉部分だけをガーゼで包んで絞り、ボウルに入れる。

2. 卵黄を加えてよく混ぜる。そのまま２～３分置いてなじませてから使う。

※ 卵の生臭さが気になるときは、オリーブオイルを2、3滴混ぜて使うと気にならなくなります。

いちごはとむぎパック

■材料

いちご……3個
はとむぎ粉……大さじ1

■作り方

1. いちごはよく洗ってヘタを除いてボウルに入れ、フォークなどでつぶす。

2. はとむぎ粉を少しずつ加えて混ぜ、トロリとするよう調整する。

● 10分程パックしたあと、そのまま指先で顔全体を１～２分マッサージしてから洗い流すと効果的です。

Part 3

ナチュラル素材で デイリーケア

食材を使ったフェイスパックのよさを実感したら、
毎日のスキンケアにも、肌にやさしいナチュラル素材を
積極的に取り入れて。肌に負担なく毎日使えて、
簡単にできるものをご紹介します。

日々の洗顔をサポートする
ナチュラル素材

洗浄効果の高い米ぬか、オートミール粉、小豆粉などは、洗顔にぴったりの素材。肌に残った皮脂や角質、ホコリなどをしっかり落としながらも、使用後につっぱる感じがないのがうれしいところです。続けるうちに、肌のトーンが明るくなります。

デイリーケアの基本は、洗顔と保湿！

肌を美しく保つためには、毎日肌の表面についた化粧や皮脂、汗、ホコリなどの汚れをきちんと落とし、しっかり保湿することに尽きます。ナチュラル素材を使った洗顔や保湿も、少しずつ取り入れてみて！

1 クレンジング

メイクや皮脂などの油汚れは、クレンジング剤を使って落とします。ウォータープルーフの口紅やマスカラは、専用のリムーバーを使ってきちんと落とし、肌に化粧品の成分が残らないようにしましょう。 薄めの化粧なら、P.74、76でご紹介するオリーブオイルとヨーグルトを使ったクレンジング剤でも十分に落とせます。

2 洗顔

シンプルな固形石けんなどを使うとよいでしょう。よく泡立てて顔に泡をのせ、泡の上から手でなでるようにして洗い、ぬるま湯ですすぎます。最後に冷たい水ですすぎ、毛穴を引き締めて。P.71、73でご紹介する、粉類を使った洗顔もおすすめです。

3 保湿

コットンに化粧水をたっぷりしみこませ、肌の上にのせてじっくり浸透させます。少しずつ場所を移動させ、顔全体をしっかり保湿しましょう。そのあと、美容液や乳液、クリームなどをぬって肌に栄養や油分を補います。オイリー肌の人は、乳液やクリームは控えめにしてもよいでしょう。

日々の洗顔をサポートする ナチュラル素材

米ぬか

美白や保湿効果が高く、昔から洗顔などに使われてきました。肌に直接つけると刺激になるので、ガーゼに包んで使います。洗顔には必ず新鮮なものを使い、その都度中身を取り替えます。保存は冷凍庫で。

■ 使い方

米ぬか大さじ3程を二重に重ねたガーゼで包み、ひもか輪ゴムで留める。これをぬるま湯でぬらし、目と口の周りを避けて顔全体をやさしくなでるようにする。ぬるま湯で顔についた成分をよく洗い流し、最後に冷たい水ですすいで毛穴を引き締める。

オートミール粉

洗浄力、保湿力にすぐれ、美白効果も期待できます。肌への刺激が少なく、どんな肌タイプの人でも使いやすい素材です。保存は冷蔵庫か冷凍庫で。

■ 使い方

オートミールはすり鉢か、ミルを使って細かく粉砕する。粒子が粗いと肌に刺激になるので注意。これを小さじ1程手に取り、ぬるま湯少量を加えてよく混ぜる。目と口の周りを避けて顔全体につけ、指先でそっとなでるようにする。ぬるま湯で粉が残らないようによく洗い流し、最後に冷たい水ですすいで毛穴を引き締める。普段使っているクレンジング剤や石けんに混ぜて使ってもよい。

小豆粉

洗浄力にすぐれ、透明感のあるみずみずしい肌に。ニキビができやすい肌やオイリー肌の改善にも向いています。保存は冷蔵庫か冷凍庫で。

■ 使い方

小さじ1程手に取り、ぬるま湯少量を加えてよく混ぜる。目と口の周りを避けて顔全体につけ、指先でそっとなでるようにする。ぬるま湯で粉が残らないようによく洗い流し、最後に冷たい水ですすいで毛穴を引き締める。普段使っているクレンジング剤や石けんに混ぜて使ってもよい。

オリーブオイルとヨーグルトのクレンジング剤

薄化粧程度なら、
食材を使った天然の
クレンジング剤で十分きれいに。
油性のメイクを、オリーブオイル
でなじませて落とします。
ウォータープルーフの
化粧品などはこれでは落ちない
ので、専用のリムーバーを
使いましょう。

黒糖とはちみつの小鼻用スクラブ

小鼻周りの皮脂汚れや
角質が気になるときは、
黒糖とはちみつを使った
シンプルなスクラブがおすすめ。
汚れを落としながら、
保湿もしてくれます。

ひんやりアイパック

朝、目の周りがむくんでいるときや、シワやたるみが気になるときは、
即席アイパックがおすすめです。冷蔵庫で冷やしたローズウォーターか
日本酒、またはワインをコットンに含ませて目の上にのせ、
マッサージするだけ。目元がすっきりし、ハリが出ます。

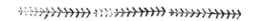

オリーブオイルとヨーグルトのクレンジング剤

■材料と作り方

オリーブオイル、プレーンヨーグルト各大さじ１、オートミール粉小さじ１をボウルに入れてよく混ぜる。

■使い方

クレンジング剤を手に取って頬にのせ、手で軽く円を描くようにしながら広げてなじませる。Tゾーン、あご、口の周り、目元なども同様にして顔全体に広げてなじませ、ぬるま湯で洗い流す。クレンジングが終わったら、固形の石けんなどを使って洗顔する。

黒糖とはちみつの小鼻用スクラブ

■材料と作り方

黒糖とはちみつ各大さじ１をボウルに入れ、よく混ぜる。

■使い方

洗顔の前に、スクラブを手に取って両方の小鼻の周りにのせる。指先で円を描くようにマッサージし、ぬるま湯で洗い流す。

ひんやりアイパック

■使い方

保湿効果が高く、目の疲れを取るといわれるローズウォーターか、血行を促進する日本酒、赤ワインのどれかを冷蔵庫で冷やしておき、コットンを浸す。コットンの厚さを２枚に裂いて両目の上にのせ、軽くマッサージし、約5分そのまま置く。日本酒か赤ワインを使った場合は、成分を水で軽く洗い流し、化粧水で保湿する。

■マッサージの仕方■

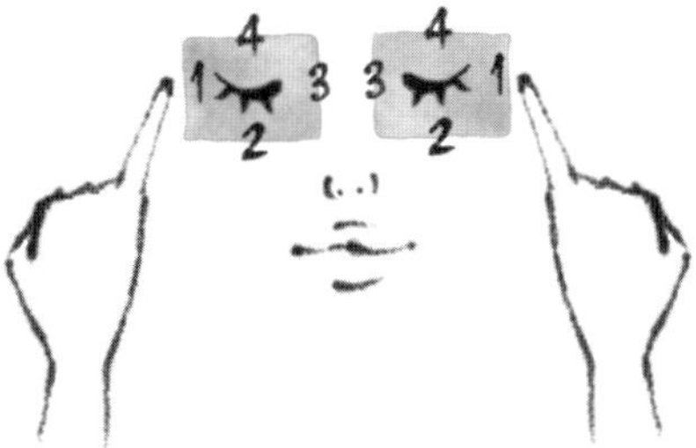

コットンをのせたまま、目尻、目の下の骨の当たる部分、目頭、目の上の骨の当たる部分の４カ所を、小指で順番にゆっくり押さえる。これを数回繰り返す。

保湿用化粧水＆ミスト

毎日たっぷり使えるシンプルな保湿用化粧水とミストをご紹介。
ミストは外出時にもカバンの中に入れて持ち歩き、
小まめにスプレーして肌に水分を補給します。

米のとぎ汁ミスト

保湿力の高い米のとぎ汁は、
スプレー容器に入れておけば、
日中の肌の水分補給にぴったり。

ローズウォーター化粧水

保湿力にすぐれ、肌の炎症などを
鎮静する作用のあるローズウォーターに、
グリセリンを加えただけのシンプルな化粧水。

ミックスティーミスト

緑茶、ウーロン茶、ローズティーのエキスを
２週間じっくり抽出させて作る保湿ミスト。
化粧水としても使えます。
毛穴を収縮させ、やわらかくつやのある肌に。

保湿用化粧水&ミスト

米のとぎ汁ミスト

■材料と作り方

米をといだときの一番最後のきれいなとぎ汁適量を清潔なスプレー容器に入れる。保存は利かないので、1日たったら新しいものと交換する。

■使い方

日中、肌が乾燥したと感じたら、その都度スプレーして手で軽く押さえ、肌になじませる。外出時はスプレー容器ごとカバンに入れて持ち歩くとよい。

ローズウォーター化粧水

■材料と作り方

ローズウォーター100mℓとグリセリン小さじ½をよく混ぜ、清潔なビンなどに入れる。冷蔵庫に入れて約2週間保存できる。

※ローズウオーターとは、エッセンシャルオイルを蒸留するときにできる、バラのエキスの溶け込んだ蒸留水。自然化粧品のお店やインターネットなどで購入できます。

■使い方

コットンにたっぷり含ませ、肌に当ててゆっくり浸透させる。顔だけでなく、乾燥が気になる部分に使うとよい。

ミックスティーミスト

■材料

緑茶、ウーロン茶、ローズティーの茶葉
……各大さじ2½
日本酒……180㎖
湯（60℃）……300㎖
グリセリン……小さじ½

■作り方

1. 緑茶、ウーロン茶、ローズティーの茶葉各大さじ2を煮沸消毒した保存ビンに入れ、日本酒を注ぐ（保存ビンの煮沸消毒の仕方はP.56参照）。フタをして密閉し、涼しい所に約2週間置いて成分を抽出させ、コーヒーフィルターなどで茶葉をこす。

2. ティーポットに緑茶、ウーロン茶、ローズティーの茶葉各½を入れる。60℃の湯を注いで約5分蒸らし、茶葉をこす。

3. 1に、同量の2を注いで混ぜ、グリセリンも加えてよく混ぜる。これを清潔なビンやスプレー容器に入れる。冷蔵庫で約10日間保存できる。

●2で残ったミックスティーは冷蔵庫に入れて冷やし、洗顔時に最後にゆすぐ水として使うと、肌の弾力がアップします

■使い方

化粧水としてコットンに取って使ったり、スプレー容器に入れて肌に直接スプレーし、日中の肌の水分補給にも。

Tip!

肌によい効果がいっぱいのお茶は、内からも外からも取り入れて！

ローズティーにはオレンジの約40倍のビタミンEが含まれ、活性酸素を除去し、コラーゲンの生成を助ける作用があります。肌につけると、毛穴を収縮させ、肌をやわらかくする作用も。また、ウーロン茶や緑茶は、肌の老化を予防し、保湿作用にすぐれます。特に緑茶にはビタミンやポリフェノールが豊富に含まれ、美白効果も。3種のお茶は、化粧水として肌につけるだけでなく、継続して飲んで内側からも取り入れればより効果的です。

Part 4

ナチュラル素材で全身ケア

ハンドケアや頭皮と髪、乾燥した肘やかかとのケアなど、
ナチュラル素材を使った全身のケア方法をご紹介します。
週に１、２回程度でも継続して行えば、
頭から爪の先まで、全身つやつやの素肌美人に！

牛乳はちみつハンドパック

乾燥してカサカサした手をしっとり保湿するパック。
週1回、10分程ハンドバスを行ったあとに
パックすると効果的です。

ネイル用
キューティクルオイル

オリーブオイルを使ったネイル用オイル。
爪や爪の周りに小まめにぬることで、
爪の乾燥を防ぎ、割れたり
2枚爪になったりするのを予防します。

全身の肌を美しく保つ生活習慣とは？

ビタミンを多く含む、野菜や果物をたくさん食べる

ほうれん草やパプリカ、パイナップル、キウイなどの果物や野菜には、ビタミンCやEが多く含まれ、シミやそばかすなどを予防し、美白効果があります。パックとして肌につけるだけでなく、食事としても積極的に摂取すれば、外からと内からのダブルの効果で、美しく白い肌に。

質のよい睡眠を十分に取る

肌の組織を再生する成長ホルモンは、寝ている間に分泌されます。毎日約7時間、十分な睡眠を取るよう心がけましょう。体内時計が狂うとホルモンがうまく分泌されなくなるので、規則正しい時間に寝ることも大切。また、成長ホルモンは入眠直後の3時間ぐらいに多く分泌するため、寝つきが悪いと、肌トラブルの原因になります。寝る前は入浴やストレッチなどでリラックスし、心地よく眠りにつきましょう。

紫外線対策をきちんとする

紫外線は肌の天敵。シミやそばかすだけでなく、シワなど肌の老化の原因になるので、外出時は必ず日焼け止めクリームなどをぬって紫外線ケアを。とくに夏場、紫外線の強い時期には帽子や日傘で日をよけましょう。

オリーブオイルを摂取する

オリーブオイルを体内に取り入れると、便秘や肌荒れの解消に効果的。朝、スプーン1杯のオリーブオイルを飲んでみましょう。また、本書で紹介しているパックに、好みでオリーブオイルを小さじ1加えて使うと、保湿力が高まります。

過度な飲酒や喫煙は避ける

タバコを吸うと多くの活性酸素が発生し、それを取り除くためにたくさんのビタミンCやEを消費することに。すると、肌にそれらの栄養が行き渡らなくなり、顔色が悪くなったり、シワが多くなったりする原因になります。また、過度な飲酒は体内の水分を奪い、肌が乾燥する原因に。とくに寝る前にお酒をたくさん飲むと睡眠の質が悪くなり、肌の代謝を妨げてしまうので気をつけましょう。

ハンドケア

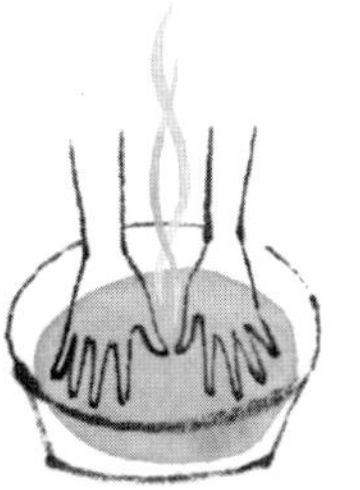

牛乳はちみつハンドパック

■材料と作り方

湯せんしたはちみつ小さじ１（湯せんの仕方はP.29参照）と牛乳大さじ1½をボウルに入れてよく混ぜる。

■使い方

1. 洗面器に湯をはり、両手を10分程度浸してハンドバスをする。手を石けんで洗ってゆすぎ、タオルで水気をふく。これだけでも古くなった角質を落とす効果が。

2. 牛乳はちみつパックを手に薄くのばす。少しはる感じがするまでそのまま置き、ぬるま湯でよく洗い流し、最後は水ですすぐ。

ネイル用キューティクルオイル

■材料と作り方

オリーブオイル大さじ１にティーツリーのエッセンシャルオイルを１、２滴加えてよく混ぜる。

■使い方

ネイル用のハケか綿棒を使って爪にぬり、成分がよく浸透するよう指で軽くマッサージする。マニキュアをぬる前や、マニキュアをぬった爪の周囲に小まめにぬるとよい。

髪と頭皮のケア

バナナヘアパック

良質のタンパク質や脂肪を
豊富に含むバナナは、
パサついて枝毛のできやすい髪に
栄養を与え、トリートメントする
効果が。週１回程度、
髪を洗ったあとに
10分程パックします。

つばき油とアロマの頭皮ケアオイル

昔から髪や頭皮のケアに使われてきた
つばき油は、皮脂の成分に近く、
肌になじみやすいのが特徴。
乾燥した頭皮にはローズマリーの
エッセンシャルオイル、
紫外線でダメージを受けた頭皮や、
ベタつきがちな頭皮には、
イランイランのエッセンシャルオイルを
加えてケアします。

乾燥した脚のケア

つばき油と梅のボディオイル

肌になじみやすいつばき油をたっぷり使った、
ちょっと贅沢なボディオイル。1カ月間梅を漬けて
成分を抽出し、乾燥した脚などにぬればつやつやに。
梅に含まれる有機酸やビタミンは血行を促進し、
肌をやわらかく保ちます。

髪と頭皮のケア

バナナヘアパック

■材料と作り方

バナナ½本は皮をむいて適当な大きさにちぎってボウルに入れ、フォークなどでなめらかになるまでつぶす。オリーブオイル大さじ½を加え、よく混ぜる。

■使い方

シャンプー後、バナナヘアパックを髪全体にぬり、湯でぬらして絞ったスチームタオルを巻く。そのまま約10分置き、ぬるま湯で成分をよく洗い流す。

※排水口にバナナが詰まらないよう、手でざっと髪についたパックを取り除いてから洗い流すとよいでしょう。

つばき油とアロマの頭皮ケアオイル

■材料と作り方

乾燥やフケが気になる頭皮用には、つばき油大さじ2にローズマリーのエッセンシャルオイルを3滴加えてよく混ぜる。紫外線のダメージを受けた頭皮や皮脂が気になる頭皮用にはローズマリーの代わりにイランイランのエッセンシャルオイルを3滴加える。

■使い方

[乾燥やフケが気になる場合]
シャンプー後、頭皮ケアオイルを少量手に取り、指先で頭皮全体につけてなじませる。手に残ったオイルは、髪につけてもよい。

[紫外線のダメージケアに]
シャンプー後、頭皮ケアオイルを少量手に取り、指先で頭皮全体につけてなじませる。手に残ったオイルは、髪につけてもよい。

[皮脂が気になる場合]
シャンプー前に頭皮ケアオイルを少量手に取り、指先で頭皮全体につけてなじませる。5～10分ほどそのまま置いてからシャンプーするとさっぱりする。

● 頭皮ケアオイルは、髪を洗ったあと、ゆすぐときの水に小さじ1程加えても、髪や頭皮に潤いを与えます。

乾燥した脚のケア

つばき油と梅のボディオイル

■材料と作り方

青梅約50gを煮沸消毒した保存ビンに入れ、つばき油約100㎖を加えて梅が空気に触れないようにする。フタをして、暗く風通しのよい場所に約1カ月置き、梅を取り出す。

■使い方

ボディオイルを少量手に取り、両手で少しこすって温め、乾燥した脚などにぬる。脚だけでなく全身の保湿用に使える。

Tip!

梅が手に入らない季節には、エッセンシャルオイルを加えて

青梅が手に入る時期は限られているので、それ以外の時期はエッセンシャルオイルを使います。つばき油100㎖に、カモミールジャーマンのエッセンシャルオイル3滴、ラベンダーのエッセンシャルオイルを2滴加えてよく混ぜて。また、つばき油が手に入らない場合、オリーブオイルで代用してもよいでしょう。

肘と膝の角質ケア

穀物粉のスクラブ

肘や膝にたまった余分な角質を取り除き、
しっとりと保湿もしてくれるスクラブ。
仕上げに P.78、80 でご紹介した
ローズウォーター化粧水をぬると効果的です。

入浴

アロマバスソルト

肌にやさしく、
リラックス効果もあるラベンダー
のエッセンシャルオイルを
加えたバスソルト。
血行を促進し、肌本来の
ハリやつやを取り戻します。

緑茶入浴剤

緑茶には殺菌作用があり、
肌を清潔に保つ効果が。
緑茶の茶葉をお茶やだし用の
パックに入れて入浴剤として
使えば、血行を促進し、
ニキビやアトピー性皮膚炎の
改善にも向いています。

肘と膝の角質ケア

穀物粉のスクラブ

■ 材料と作り方

小豆粉、そば粉、米粉各大さじ１とプレーンヨーグルト大さじ２をボウルに入れてよく混ぜ、オリーブオイル小さじ１を加えて混ぜる。

■ 使い方

穀物粉のスクラブを肘や膝にぬり、円を描くようにマッサージする。ぬるま湯で洗い流してタオルで水気をふき、P.78、80のローズウォーター化粧水で保湿する。

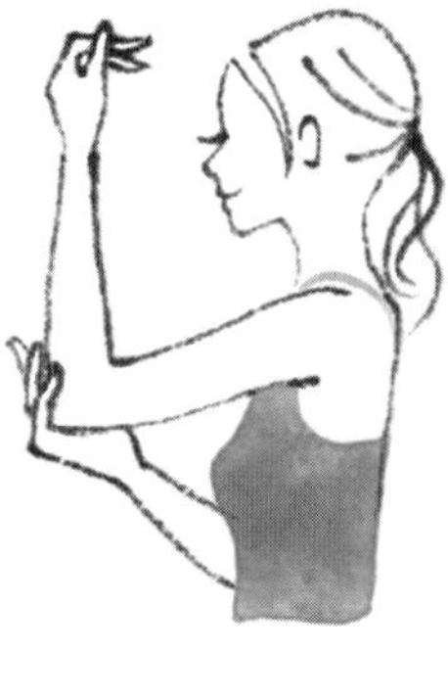

入浴

アロマバスソルト

■材料と作り方

粗塩大さじ３は、フライパンで約１分から炒りし、ボウルに入れる。ラベンダーのエッセンシャルオイルを２、３滴たらし、よく混ぜる。

■使い方

入浴時にお湯をはったバスタブに入れて溶かす。または、体を洗ったあとにバスソルトで脚や腕などを軽くスクラブし、そのまま流さずバスタブに入ってもよい。

緑茶入浴剤

■材料と作り方

緑茶の茶葉大さじ２をお茶やだし用のパックに入れる。

■使い方

入浴する少し前にお湯をはったバスタブに入れておき、そのまま入浴する。

かかとのケア

ガサガサとしたかかとは、フットバスにつかって肌の表面をやわらかくしたあと、スクラブで角質を落とし、パックで代謝を促し、オイルで保湿する３段階ケアですべすべに！　週１回から２週間に１回ぐらい、定期的にケアするとよいでしょう。

米ぬかスクラブ

■材料と作り方

米ぬか適量を2枚重ねにしたガーゼで包み、輪ゴムかひもで留める。

ミルクヨーグルトパック

■材料と作り方

プレーンヨーグルト大さじ1、牛乳小さじ1をボウルに入れてよく混ぜる。

■かかとのケアの手順■

1. 洗面器に湯をはり、10分ほど足をつけてフットバスをし、血行をよくする。

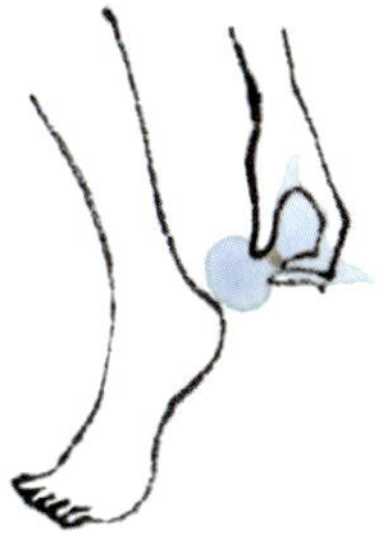

2. 米ぬかスクラブをぬるま湯につけ、かかとの角質をこする。湯で洗い流し、タオルで水気をふく。

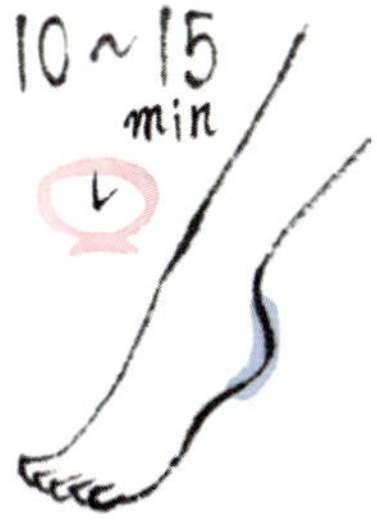

3. ミルクヨーグルトパックをかかとの乾燥した部分にぬり広げる。10~15分そのまま置き、洗い流してタオルで水気をふく。

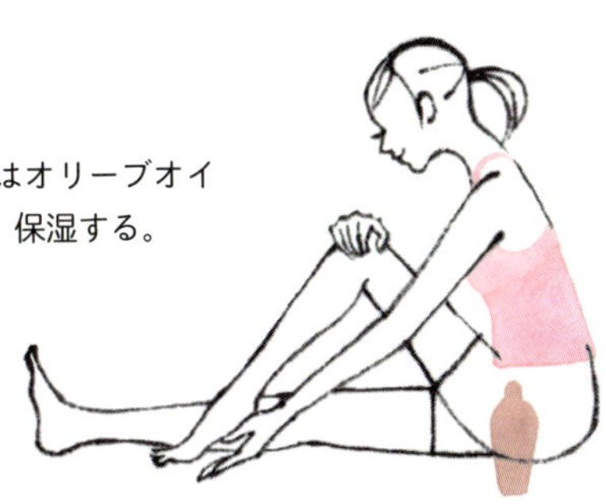

4. ホホバオイル（またはオリーブオイル）をかかとにぬり、保湿する。

STAFF

撮影 → 与儀達久
イラスト → 杉山美奈子
デザイン・DTP → 東條加代子
編集 → 井汲千絵、松島 彩（HANA）
編集協力 → キム・ヘギョン

撮影協力 → UTUWA(器)、mili-mili

野菜やフルーツの力で美肌に！

キッチンで作る
ナチュラルパック

2013年9月11日 初版発行

著者 チェ・ユナ
翻訳 井汲千絵

印刷・製本 株式会社廣済堂

発行人 裵正烈

発行 株式会社HANA
〒102-0071 東京都千代田区富士見1-11-23
TEL : 03-6909-9380 FAX : 03-6909-9388
E-mail:info@hanapress.jp

発売 株式会社インプレスコミュニケーションズ
〒102-0075 東京都千代田区三番町20番地
TEL : 03-5275-2442 FAX : 03-5275-2444

ISBN 978-4-8443-7573-9 C2077

● 本の内容に関するお問い合わせ先
HANA 書籍編集部
TEL : 03-6909-9380 FAX : 03-6909-9388

●乱丁本・落丁本の取り替えに関するお問い合わせ先
インプレスコミュニケーションズ カスタマーセンター
TEL : 03-5275-9051 FAX : 03-5275-2443